My First Reading Coloring Book

English - Italian

The one and the zero are holding hands.

L'uno e lo zero si tengono per mano.

One and Zero together are ten.

Uno e Zero insieme sono dieci.

I have ten toes in total.

Ho dieci dita in totale.

The giraffe has an extremely long neck.

La giraffa ha un collo estremamente lungo.

The giraffe has many spots.

La giraffa ha molti punti.

The giraffe eats vegetables.

La giraffa mangia verdure.

The postman is giving out the mail in the early morning.

Il postino consegna la posta al mattino presto.

The postman is delivering mails at the crack of dawn.

Il postino consegna le poste all'alba.

The man has a hat.

L'uomo ha un cappello.

I had a small birthday cake for my party.

Ho avuto una piccola torta di compleanno per la mia festa.

This birthday cake is for a little kids.

Questa torta di compleanno è per un bambino.

I have a candle on my cake.

Ho una candela sulla mia torta.

The queen bee has a beautiful wand.

L'ape regina ha una bellissima bacchetta.

The beehive has a leader who is a magical bee.

L'alveare ha un leader che è un'ape magica.

She is wearing a crown.

Indossa una corona.

The engineer is holding a wrench.

L'ingegnere è in possesso di una chiave inglese.

The engineer is going to fix a fancy blue car.

L'ingegnere riparerà un'auto blu di fantasia.

He has a suitcase.

Lui ha una valigia.

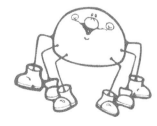

The policeman is mad.

Il poliziotto è pazzo.

The policeman is angry at some rotten teenagers.

Il poliziotto è arrabbiato con alcuni adolescenti marci.

He is wearing sunglasses.

Indossa occhiali da sole.

The rabbit is thinking about something.

Il coniglio sta pensando a qualcosa.

The rabbit is confused.

Il coniglio è confuso.

The rabbit has long ears.

Il coniglio ha le orecchie lunghe.

A violin can play beautiful music if played correctly.

Un violino può riprodurre musica meravigliosa se suonato correttamente.

The violin is one of the most fantastic instruments.

Il violino è uno degli strumenti più fantastici.

The violin is a musical instrument.

Il violino è uno strumento musicale.

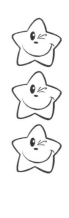

Happy Teddy is opening his box of presents from Santa.

Happy Teddy sta aprendo la sua scatola di regali da Babbo Natale.

The teddy bear is opening his second present.

L'orsacchiotto sta aprendo il suo secondo regalo.

The bear has a present.

L'orso ha un regalo.

Santa is having fun.

Babbo Natale si sta divertendo.

Santa Claus is laughing at a hilarious joke.

Babbo Natale sta ridendo di una battuta esilarante.

Santa is fat.

Babbo Natale è grasso.

The boy is late for school, so he is sprinting.

Il ragazzo è in ritardo per la scuola, quindi sta scattando.

The boy is preparing for school.

Il ragazzo si sta preparando per la scuola.

The boy is excited to go to school.

Il ragazzo è entusiasta di andare a scuola.

The number "four" is counting to four.

Il numero "quattro" conta fino a quattro.

The four saw four dolphins at the ocean.

I quattro videro quattro delfini nell'oceano.

My cat has four legs.

Il mio gatto ha quattro zampe.

The boy is carrying so many books!

Il ragazzo porta così tanti libri!

The smart little boy is carrying heavy books to study.

Il ragazzino intelligente porta libri pesanti da studiare.

The boy is carrying a lot of books.

Il ragazzo porta molti libri.

A little cow is walking around near the barn.

Una piccola mucca sta camminando vicino al fienile.

The calf is wandering around.

Il vitello sta vagando in giro.

That is a baby cow.

Questa è una mucca da latte.

The red and black ladybug is just done eating some leaves.

La coccinella rossa e nera ha appena finito di mangiare alcune foglie.

The ladybug is eating a piece of lettuce.

La coccinella sta mangiando un pezzo di lattuga.

The ladybug has many spots.

La coccinella ha molti punti.

The bee is wearing a pink pacifier to calm itself.

L'ape indossa un ciuccio rosa per calmarsi.

The baby bees have very tiny wings.

Le api hanno ali molto piccole.

The baby bee has yellow and black stripes.

L'ape baby ha strisce gialle e nere.

The turtle has a robust shell but is very slow.

La tartaruga ha un guscio robusto ma è molto lenta.

The tortoise lives on land, unlike turtles.

La tartaruga vive sulla terra, a differenza delle tartarughe.

The tortoise has a pointy shell.

La tartaruga ha un guscio appuntito.

Mr. Snowman is holding a broom and saying goodbye.

Il signor Snowman tiene in mano una scopa e dice addio.

The snowman was just done cleaning the yard.

Il pupazzo di neve aveva appena finito di pulire il cortile.

I made a snowman.

Ho fatto un pupazzo di neve.

The chicken is saying hello to us.

Il pollo ci sta salutando.

The white chicken is wearing an artist's hat.

Il pollo bianco indossa un cappello da artista.

The rooster has a big beak.

Il gallo ha un grosso becco.

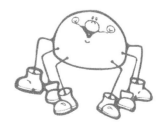

The number "zero" is saying, Ok.

Il numero "zero" sta dicendo, Ok.

The zero is saying fine by making the okay gesture.

Lo zero dice bene facendo il gesto giusto.

I have 0 tails.

Ho 0 code.

The nurse looks scary, holding a syringe.

L'infermiera sembra spaventosa, con in mano una siringa.

The nurse is helping patients get better.

L'infermiera aiuta i pazienti a stare meglio.

The nurse helps the doctor.

L'infermiera aiuta il medico.

The kite is on the ground.

L'aquilone è a terra.

The kite is on the ground.

L'aquilone è a terra.

The kite has a beautiful tail.

L'aquilone ha una bellissima coda.

The queen is beautiful.

La regina è bellissima

The queen has a pink wand.

La regina ha una bacchetta rosa.

The queen has a wand.

La regina ha una bacchetta.

The waiter is serving juice.

Il cameriere sta servendo il succo.

The waiter is serving fresh lemonade to a family.

Il cameriere serve limonata fresca a una famiglia.

He is wearing a bowtie.

Indossa una cravatta a farfalla.

The waiter is serving steaming hot pizza.

Il cameriere serve pizza calda fumante.

The chef just took the pizza oven

Lo chef ha appena preso il forno per la pizza

The pizza looks delicious.

La pizza sembra deliziosa.

The children are going on a field trip on the yellow bus.

I bambini vanno in gita sul bus giallo.

The children go to school on a bus.

I bambini vanno a scuola su un autobus.

The kids on the school bus are going to school.

I bambini sullo scuolabus vanno a scuola.

The animals are happy being together again.

Gli animali sono felici di essere di nuovo insieme.

The animals are having a giant sleepover.

Gli animali stanno avendo un pigiama party gigante.

There are a lot of animals.

Ci sono molti animali

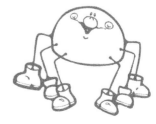

The ant is telling a story.

La formica racconta una storia.

An ant is tiny in size, but very strong.

Una formica è di taglia piccola, ma molto forte.

I found an ant.

Ho trovato una formica.

The number "six" is saying 1+5=6.

Il numero "sei" sta dicendo 1 + 5 = 6.

The six are excitedly jumping up and down.

I sei saltano eccitati su e giù.

A butterfly has six legs.

Una farfalla ha sei zampe.

Talented, Mr. Clown is juggling five red balls.

Di talento, il signor Clown si destreggia tra cinque palline rosse.

The funny clown is juggling with skill.

Il buffo clown si destreggia con abilità.

The clown is juggling balls for his performance.

Il pagliaccio si destreggia tra le palle per la sua esibizione.

Santa Claus is giving extraordinary presents to excited kids.

Babbo Natale fa regali straordinari ai bambini entusiasti.

Santa Claus is delivering presents to the children.

Babbo Natale consegna regali ai bambini.

Santa is happy.

Babbo Natale è felice.

My mom loves to drink tea.

Mia mamma ama bere il tè.

The teapot is short and spout.

La teiera è corta e con beccuccio.

The teapot has green tea in it.

La teiera contiene del tè verde.

The dragon is using the rock to build its house.

Il drago sta usando la roccia per costruire la sua casa.

The dinosaur is getting a plate for his food.

Il dinosauro sta ottenendo un piatto per il suo cibo.

The dinosaur has a pillow.

Il dinosauro ha un cuscino.

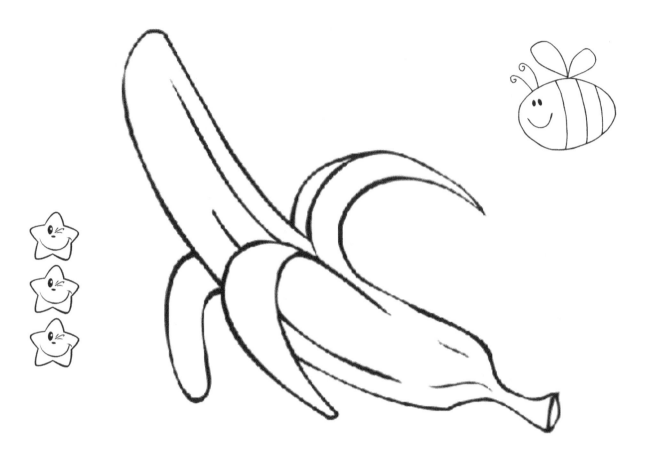

My favorite fruit to eat is a banana.

Il mio frutto preferito da mangiare è una banana.

The banana is yellow.

La banana è gialla.

My dad bought a lot of bananas in the market.

Mio padre ha comprato molte banane sul mercato.

My duck, stuffed animal, is wearing a hat.

La mia anatra, animale di peluche, indossa un cappello.

The little duck is very squeaky.

La piccola anatra è molto cigolante.

The toy duck has webbed feet.

L'anatra giocattolo ha i piedi palmati.

The chef serves delicious-looking food.

Lo chef serve cibo dall'aspetto delizioso.

The chef made yummy pasta for everyone to share.

Lo chef ha preparato una deliziosa pasta che tutti possono condividere.

The chef has a napkin.

Lo chef ha un tovagliolo.

The frog is smiling because it is happy.

La rana sorride perché è felice.

The frog is happy and excited.

La rana è felice ed eccitata.

The frog has a big smile.

La rana ha un grande sorriso.

He is driving a big icecream truck.

Sta guidando un grosso camion di gelati.

The ice cream truck is playing a beautiful song.

Il camion dei gelati sta suonando una bellissima canzone.

Come on! The ice cream truck is here!

Dai! Il camion dei gelati è qui!

The hippo has a big head.

L'ippopotamo ha una testa grande.

The hippo is amazed at how big his teeth are.

L'ippopotamo è stupito di quanto siano grandi i suoi denti.

The hippo has a big head.

L'ippopotamo ha una testa grande.

The cat is taking a nap.

Il gatto sta facendo un pisolino.

The cat is very sleepy.

Il gatto ha molto sonno.

The cat is very tired.

Il gatto è molto stanco.

The frog is trying to catch the fly.

La rana sta cercando di catturare la mosca.

The frog uses its tongue to catch prey.

La rana usa la lingua per catturare la preda.

The frog is hopping.

La rana sta saltellando.

Rabbit thinks that the juicy orange carrot looks yummy.

Il coniglio pensa che la succosa carota arancione sembri deliziosa.

The bunny is bringing a giant carrot to its family for dinner.

Il coniglietto sta portando una carota gigante alla sua famiglia per cena.

The bunny likes to eat carrots.

Al coniglietto piace mangiare le carote.

The one is saying its name.

Quello sta dicendo il suo nome.

Number one got first place at a competition.

Il numero uno ha ottenuto il primo posto in una competizione.

I have one nose.

Ho un naso.

The elephant is shy.

L'elefante è timido.

The elephant has big ears.

L'elefante ha orecchie grandi.

The elephant has eyelashes.

L'elefante ha le ciglia.

The boy is having fun playing with a yoyo.

Il ragazzo si sta divertendo a giocare con uno yoyo.

The kid has a very colorful yoyo.

Il bambino ha uno yoyo molto colorato.

The boy has a little hat.

Il ragazzo ha un cappellino.

Mr. Snowman is celebrating Christmas by the decorated tree.

Il pupazzo di neve festeggia il Natale vicino all'albero decorato.

The snowman is having a Christmas party.

Il pupazzo di neve sta organizzando una festa di Natale.

This snowman is my friend, and he is a helper of Santa.

Questo pupazzo di neve è mio amico ed è un aiutante di Babbo Natale.

The scientist is making a potion.

Lo scienziato sta preparando una pozione.

The woman is learning how to become a scientist.

La donna sta imparando a diventare una scienziata.

He has a potion.

Ha una pozione.

That is a beautiful ring.

Questo è un bellissimo anello.

The ring has a diamond jewel on it.

L'anello ha un gioiello di diamanti.

That is my ring.

Questo è il mio anello.

I have a lot of brushes and pencils.

Ho molti pennelli e matite.

The writing utensils are in the tin can.

Gli utensili per la scrittura sono nel barattolo di latta.

I have a lot of pencils.

Ho molte matite.

The number "three" is saying you got 3 out of 3.

Il numero "tre" sta dicendo che hai 3 su 3.

Number three is counting to three.

Il numero tre conta fino a tre.

I have three buttons on my dress.

Ho tre bottoni sul mio vestito.

A smart owl is reading an alphabet book.

Un gufo intelligente sta leggendo un libro dell'alfabeto.

The young brown owl is learning to read.

Il giovane gufo marrone sta imparando a leggere.

Owl likes to read big books.

A Gufo piace leggere grandi libri.

The duck has a big nose.

L'anatra ha un naso grosso.

The duck just dropped its little oval eggs.

L'anatra ha appena lasciato cadere le sue piccole uova ovali.

The duck has three eggs.

L'anatra ha tre uova.

The tiger is wearing a bow on its neck.

La tigre indossa un arco sul collo.

A formal tiger is waving his hand for a yellow taxi.

Una tigre formale sta agitando la mano per un taxi giallo.

It is orange and black.

È arancione e nero.

The xylophone is an instrument like the piano.

Lo xilofono è uno strumento come il piano.

The xylophone is a very cool instrument.

Lo xilofono è uno strumento molto interessante.

The xylophone is a colorful instrument.

Lo xilofono è uno strumento colorato.

The old goat is proud of its golden bell.

La vecchia capra è orgogliosa della sua campana d'oro.

The goat has four hooves.

La capra ha quattro zoccoli.

The goat has a friend.

La capra ha un amico.

The little boy was running.

Il ragazzino stava correndo.

The sprinter is winning first place in a race.

Il velocista sta conquistando il primo posto in una gara.

The boy is running.

Il ragazzo sta correndo.

The Easter Bunny is painting a chocolate egg.

Il coniglietto pasquale sta dipingendo un uovo di cioccolato.

The Easter Bunny likes to paint eggs.

Al coniglietto pasquale piace dipingere le uova.

The rabbit is entering an egg painting contest.

Il coniglio partecipa a una gara di pittura di uova.

My cat likes to eat fish.

Al mio gatto piace mangiare pesce.

The cat is looking for more treats.

Il gatto è alla ricerca di altre prelibatezze.

My cat has big eyes.

Il mio gatto ha gli occhi grandi.

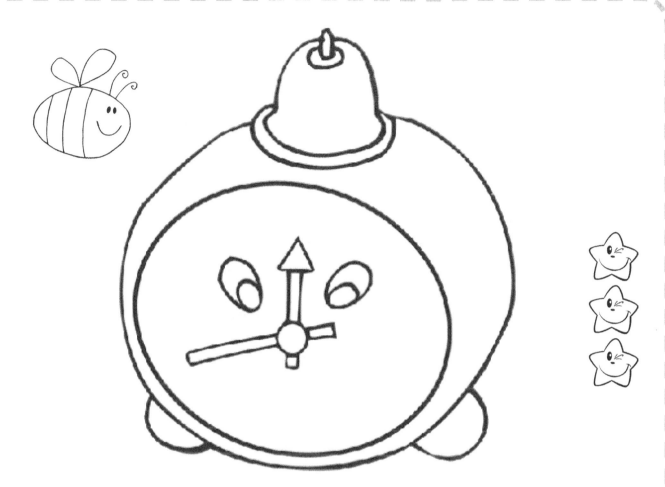

There is a big alarm clock on my desk.

C'è una grande sveglia sulla mia scrivania.

The alarm clock is sometimes very annoying

La sveglia a volte è molto fastidiosa

The alarm rings every morning.

La sveglia suona ogni mattina.

Chef Octopus is serving a delicious turkey dinner.

Lo chef Octopus serve una deliziosa cena di tacchino.

The octopus cooked delicious food for its friends.

Il polpo cucinava cibo delizioso per i suoi amici.

The octopus is working as a chef and serving food.

Il polpo lavora come chef e serve cibo.

The graceful swan is striding through the water.

Il grazioso cigno sta avanzando nell'acqua.

The beautiful swan is eating a piece of green vegetables.

Il bellissimo cigno sta mangiando un pezzo di verdure verdi.

The swan is beautiful.

Il cigno è bellissimo.

The Pencil is saying hello to you.

La matita ti sta salutando.

The pencil is scribbling a line with the lead.

La matita sta scrivendo una linea con il piombo.

The pencil is drawing a zig-zag line.

La matita disegna una linea a zig-zag.

I had a humongous birthday cake for my celebration.

Ho avuto una gigantesca torta di compleanno per la mia celebrazione.

This birthday cake has three layers.

Questa torta di compleanno ha tre strati.

My friend is having a gigantic cake.

Il mio amico sta mangiando una torta gigantesca.

The maid is cleaning our room.

La cameriera sta pulendo la nostra stanza.

The little girl is carrying two buckets loads of water.

La bambina porta due secchi carichi d'acqua.

The girl is wearing a dress.

La ragazza indossa un vestito.

The chick is on the telephone talking with his friend.

Il pulcino è al telefono a parlare con il suo amico.

The little chick is using his mother's phone to play music.

Il piccolo pulcino sta usando il telefono di sua madre per riprodurre musica.

The bird is small.

L'uccello è piccolo.

Santa gave reindeer a big present.

Babbo Natale ha fatto alle renne un grande regalo.

The reindeer is late to give his present to his friends.

La renna è in ritardo per dare il suo regalo ai suoi amici.

Reindeer has a scarf.

La renna ha una sciarpa.

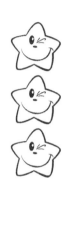

My mom bought me a new backpack to take to school.

Mia mamma mi ha comprato un nuovo zaino da portare a scuola.

The green backpack is holding all my belongings.

Lo zaino verde contiene tutte le mie cose.

My bag has many pockets.

La mia borsa ha molte tasche.

I love to drink strawberry juice.

Adoro bere il succo di fragola.

The strawberry is drinking cold refreshing juice.

La fragola beve succo freddo rinfrescante.

The strawberry is red.

La fragola è rossa

The smiling number nine is saying its name out loud.

Il nove sorridente sta dicendo il suo nome ad alta voce.

The nine is saying that 4+5=9.

Il nove sta dicendo che 4 + 5 = 9.

My sister has nine stuffed animals.

Mia sorella ha nove animali di peluche.

The elephant has a long trunk to spray water.

L'elefante ha un lungo tronco per spruzzare acqua.

The elephant has a long trunk.

L'elefante ha un tronco lungo.

The elephant lives in the zoo.

L'elefante vive nello zoo.

Santa is lugging a large brown bag of gifts to his sley.

Babbo Natale porta con sé una grande borsa marrone di regali.

Santa Claus is carrying a leather bag filled with gifts.

Babbo Natale porta una borsa di pelle piena di regali.

Santa is going to give out presents.

Babbo Natale distribuirà regali.

The walrus has unusually sharp teeth.

Il tricheco ha denti insolitamente affilati.

The walrus has a tail.

Il tricheco ha una coda.

The walrus has a friend.

Il tricheco ha un amico.

He is playing a lively tune on his flute.

Sta suonando una melodia vivace sul suo flauto.

The boy is practicing the flute to be ready at school.

Il ragazzo sta esercitando il flauto per essere pronto a scuola.

He is a musician.

Lui è un musicista.

The cute monster is flying around.

Il simpatico mostro sta volando in giro.

The monster has a pointy horn.

Il mostro ha un corno appuntito.

The little monster has a long tail.

Il piccolo mostro ha una lunga coda.

The frog is waving to us.

La rana ci sta salutando.

The frog says goodbye to me and you.

La rana saluta me e te.

The frog has a big mouth.

La rana ha una grande bocca.

The cereal box got a magician set for Christmas.

La scatola di cereali ha messo un mago per Natale.

The boy got a wizard action figure for his birthday.

Il ragazzo ha ricevuto un personaggio da mago per il suo compleanno.

The book has a wand.

Il libro ha una bacchetta.

The gardener is going to plant flowers

Il giardiniere sta per piantare fiori

The gardener is going to plant some seeds.

Il giardiniere pianterà dei semi.

The farmer has a beard.

Il contadino ha la barba.

The Pencil is leaving to go on a long relaxing vacation.

The Pencil partirà per una lunga vacanza rilassante.

The pencil wakes up bright and early to go to work.

La matita si sveglia brillante e presto per andare al lavoro.

The pencil put on a big smile and went to work.

La matita fece un grande sorriso e andò a lavorare.

The white sheep have a lot of fluffy white wool to give away.

Le pecore bianche hanno un sacco di soffice lana bianca da regalare.

This sheep is so fluffy.

Questa pecora è così soffice.

The sheep are skinny.

Le pecore sono magre.

A rat is on top of the letter M

Il mouse è in cima alla M

The mouse has very long whiskers.

Il mouse ha baffi molto lunghi.

I like mice.

Mi piacciono i topi.

The samurai is training to become good at fighting.

Il samurai si sta allenando per diventare bravo a combattere.

The samurai is chasing away his enemy.

Il samurai sta inseguendo il suo nemico.

The samurai is going for a morning jog.

Il samurai sta andando a fare jogging mattutino.

My dad works on the computer.

Mio padre lavora al computer.

The laptop is saying hi to the user.

Il laptop sta salutando l'utente.

That is my dad's computer.

Questo è il computer di mio padre.

The builder man has gone to work on a project.

L'uomo del costruttore è andato a lavorare su un progetto.

The man has bought a shiny new hammer.

L'uomo ha comprato un nuovo martello lucido.

The man has an ancient hammer.

L'uomo ha un martello antico.

The bat is ready to fly.

Il pipistrello è pronto a volare.

The bat is hugging the letter.

Il pipistrello abbraccia la lettera.

The bat sleeps upside down.

Il pipistrello dorme a testa in giù.

My toy box contains a lot of toys.

La mia scatola dei giocattoli contiene molti giocattoli.

The toy chest is full of toys.

La cassa dei giocattoli è piena di giocattoli.

I have stuffed animals, balls, and other toys in my toy box.

Ho animali di peluche, palline e altri giocattoli nella mia scatola dei giocattoli.

The green parrot came from the forest to the zoo.

Il pappagallo verde veniva dalla foresta allo zoo.

The parrot is just learning how to fly in the sky.

Il pappagallo sta solo imparando a volare nel cielo.

The parrot is colorful.

Il pappagallo è colorato.

Teddy is licking a red and white candy cane.

Teddy lecca un bastoncino di zucchero bianco e rosso.

The brown teddy bear is wearing a bright green hat.

L'orsacchiotto marrone indossa un cappello verde brillante.

The bear likes to eat sweets.

All'orso piace mangiare dolci.

This dog is wagging its tail for more treats.

Questo cane sta scodinzolando per altre prelibatezze.

The dog has a golden collar.

Il cane ha un colletto d'oro.

That is a fat dog!

Questo è un cane grasso!

The maid is going to clean the hotel room.

La cameriera pulirà la stanza d'albergo.

The maid has a big brown broom.

La cameriera ha una grande scopa marrone.

My mom's friend is a maid.

L'amica di mia mamma è una domestica.

The dragon is playing the guitar.

Il drago suona la chitarra.

The dinosaur's dream is to become a wonderful rock star.

Il sogno del dinosauro è quello di diventare una rockstar meravigliosa.

The dinosaur is a rock star.

Il dinosauro è una rock star.

The farmer is driving his truck.

Il contadino sta guidando il suo camion.

The farmer is driving a tractor.

L'agricoltore sta guidando un trattore.

The farmer is chewing on a piece of wheat.

Il contadino sta masticando un pezzo di grano.

The carpenter is fixing something.

Il carpentiere sta riparando qualcosa.

The man is coming to fix the ship.

L'uomo verrà a riparare la nave.

The man is wearing a belt.

L'uomo indossa una cintura.

Ram has a large horn and fluffy wool.

Ram ha un grande corno e lana soffice.

The ram is smiling because it just took a bath.

Il montone sorride perché ha appena fatto il bagno.

This ram lives in the farmhouse.

Questo ariete vive nella fattoria.

The rattlesnake is looking for its dinner.

Il serpente a sonagli sta cercando la sua cena.

The anaconda is the longest snake in the world.

L'anaconda è il serpente più lungo del mondo.

The cobra is very lovely.

Il cobra è adorabile.

The number "two" is holding up bunny ears.

Il numero "due" regge orecchie da coniglio.

Number two is posing for a selfie.

Il numero due è in posa per un selfie.

I have two ears.

Ho due orecchie.

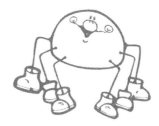

The rooster is on the fence.

Il gallo è sul recinto.

The rooster is waking up everybody.

Il gallo sta svegliando tutti.

The rooster is going to wake people up.

Il gallo sta per svegliare le persone.

The ladybug is on the leaf.

La coccinella è sulla foglia.

The ladybug is smiling.

La coccinella sta sorridendo.

The ladybug has six legs.

La coccinella ha sei zampe.

We use the umbrella when it's raining.

Usiamo l'ombrello quando piove.

The umbrella shelters you.

L'ombrello ti protegge.

It's raining.

Piove.

An owl is teaching the kids in school about work.

Un gufo insegna ai bambini a scuola sul lavoro.

Mr.Owl teaches the 3rd grade.

Mr. Owl insegna in terza elementare.

The owl is a language arts teacher.

Il gufo è un insegnante di arti linguistiche.

Funny, Mr. Clown is giving away colorful balloons.

Divertente, Mr. Clown sta regalando palloncini colorati.

The clown is holding three colorful balloons.

Il pagliaccio tiene in mano tre palloncini colorati.

The clown likes to give out balloons to little kids.

Al pagliaccio piace distribuire palloncini ai più piccoli.

The happy and excited eight is holding up eight fingers

L'otto felice ed eccitato sta alzando otto dita

The eight is licking its lip because it sees eight trays of fried chicken.

L'otto si lecca il labbro perché vede otto vassoi di pollo fritto.

A spider has eight legs.

Un ragno ha otto zampe.

The letter N stands for a nose.

N è per un naso.

The nose is used for smelling things.

Il naso è usato per annusare le cose.

The nose is breathing.

Il naso sta respirando.

The wizard likes to work with magic.

Al mago piace lavorare con la magia.

The wizard is going to summon a great big dragon.

Il mago evocherà un grande drago.

The magician has a wand.

Il mago ha una bacchetta.

The crocodile is excited.

Il coccodrillo è eccitato.

The jumping crocodile is happy.

Il coccodrillo che salta è felice.

The alligator is jumping.

L'alligatore sta saltando.

The number "five" is trying to give you a high five.

Il numero "cinque" sta cercando di darti il cinque.

The five are saying its name out loud, so others will know.

I cinque stanno dicendo il suo nome ad alta voce, quindi altri lo sapranno.

I have five fingers on 1 of my hands.

Ho cinque dita su 1 delle mie mani.

The zebra has black and white stripes.

La zebra ha strisce bianche e nere.

The zebra is smiling widely

La zebra sorride ampiamente

The zebra has a tail.

La zebra ha una coda.

Made in United States
North Haven, CT
13 November 2021